U0509739

圖書在版編目（CIP）數據

水經 /（漢）桑欽撰．异域志 /（元）周致中纂集
．-- 北京 ：文物出版社，2023.3
（海上絲綢之路基本文獻叢書）
ISBN 978-7-5010-7948-3

Ⅰ．①水… ②异… Ⅱ．①桑… ②周… Ⅲ．①古水道
－歷史地理－中國②歷史地理－史料－亞洲－中世紀③歷
史地理－史料－非洲－中世紀 Ⅳ．① K928.4 ② K916.3

中國國家版本館 CIP 數據核字（2023）第 026468 號

海上絲綢之路基本文獻叢書

水經·异域志

撰　　者：〔漢〕桑欽　〔元〕周致中
策　　劃：盛世博閱（北京）文化有限責任公司

封面設計：鞏榮彪
責任編輯：劉永海
責任印製：王　芳

出版發行：文物出版社
社　　址：北京市東城區東直門内北小街 2 號樓
郵　　編：100007
網　　址：http://www.wenwu.com
經　　銷：新華書店
印　　刷：河北賽文印刷有限公司
開　　本：787mm×1092mm　1/16
印　　張：13.5
版　　次：2023 年 3 月第 1 版
印　　次：2023 年 3 月第 1 次印刷
書　　號：ISBN 978-7-5010-7948-3
定　　價：94.00 圓

總緒

海上絲綢之路，一般意義上是指從秦漢至鴉片戰争前中國與世界進行政治、經濟、文化交流的海上通道，主要分爲經由黄海、東海的海路最終抵達日本列島及朝鮮半島的東海航綫和以徐聞、合浦、廣州、泉州爲起點通往東南亞及印度洋地區的南海航綫。

在中國古代文獻中，最早、最詳細記載『海上絲綢之路』航綫的是東漢班固的《漢書·地理志》，詳細記載了西漢黄門譯長率領應募者入海『齎黄金雜繒而往』之事，書中所出現的地理記載與東南亞地區相關，并與實際的地理狀况基本相符。

東漢後，中國進入魏晋南北朝長達三百多年的分裂割據時期，絲路上的交往也走向低谷。這一時期的絲路交往，以法顯的西行最爲著名。法顯作爲從陸路西行到印度，再由海路回國的第一人，根據親身經歷所寫的《佛國記》（又稱《法顯傳》）一書，詳細介紹了古代中亞和印度、巴基斯坦、斯里蘭卡等地的歷史及風土人情，是瞭解和研究海陸絲綢之路的珍貴歷史資料。

隨着隋唐的統一，中國經濟重心的南移，中國與西方交通以海路爲主，海上絲綢之路進入大發展時期。廣州成爲唐朝最大的海外貿易中心，朝廷設立市舶司，專門管理海外貿易。唐代著名的地理學家賈耽（七三〇～八〇五年）的《皇華四達記》記載了從廣州通往阿拉伯地區的海上交通『廣州通海夷道』，詳述了從廣州港出發，經越南、馬來半島、蘇門答臘島至印度、錫蘭，直至波斯灣沿岸各國的航綫及沿途地區的方位、名稱、島礁、山川、民俗等。譯經大師義净西行求法，將沿途見聞寫成著作《大唐西域求法高僧傳》，詳細記載了海上絲綢之路的發展變化，是我們瞭解絲綢之路不可多得的第一手資料。

宋代的造船技術和航海技術顯著提高，指南針廣泛應用於航海，中國商船的遠航能力大大提升。北宋徐兢的《宣和奉使高麗圖經》詳細記述了船舶製造、海洋地理和往來航綫，是研究宋代海外交通史、中朝友好關係史、中朝經濟文化交流史的重要文獻。南宋趙汝适《諸蕃志》記載，南海有五十三個國家和地區與南宋通商貿易，形成了通往日本、高麗、東南亞、印度、波斯、阿拉伯等地的『海上絲綢之路』。宋代爲了加强商貿往來，於北宋神宗元豐三年（一〇八〇年）頒布了中國歷史上第一部海洋貿易管理條例《廣州市舶條法》，并稱爲宋代貿易管理的制度範本。

元朝在經濟上採用重商主義政策，鼓勵海外貿易，中國與世界的聯繫與交往非常頻繁，其中馬可·波羅、伊本·白圖泰等旅行家來到中國，留下了大量的旅行記，記録元代海上絲綢之路的盛況。元代的汪大淵兩次出海，撰寫出《島夷志略》一書，記録了二百多個國名和地名，其中不少首次見於中國著録，涉及的地理範圍東至菲律賓群島，西至非洲。這些都反映了元朝時中西經濟文化交流的豐富内容。

明、清政府先後多次實施海禁政策，海上絲綢之路的貿易逐漸衰落。但是從明永樂三年至明宣德八年的二十八年裏，鄭和率船隊七下西洋，先後到達的國家多達三十多個，在進行經貿交流的同時，也極大地促進了中外文化的交流，這些都詳見於《西洋蕃國志》《星槎勝覽》《瀛涯勝覽》等典籍中。

關於海上絲綢之路的文獻記述，除上述官員、學者、求法或傳教高僧以及旅行者的著作外，自《漢書》之後，歷代正史大都列有《地理志》《四夷傳》《西域傳》《外國傳》《蠻夷傳》《屬國傳》等篇章，加上唐宋以來衆多的典制類文獻、地方史志文獻，集中反映了歷代王朝對於周邊部族、政權以及西方世界的認識，都是關於海上絲綢之路的原始史料性文獻。

海上絲綢之路概念的形成，經歷了一個演變的過程。十九世紀七十年代德國地理學家費迪南·馮·李希霍芬（Ferdinad Von Richthofen，一八三三～一九〇五），在其《中國：親身旅行和研究成果》第三卷中首次把輸出中國絲綢的東西陸路稱爲『絲綢之路』。有『歐洲漢學泰斗』之稱的法國漢學家沙畹（Édouard Chavannes，一八六五～一九一八），在其一九〇三年著作的《西突厥史料》中提出『絲路有海陸兩道』，蘊涵了海上絲綢之路最初提法。迄今發現最早正式提出『海上絲綢之路』一詞的是日本考古學家三杉隆敏，他在一九六七年出版《中國瓷器之旅：探索海上的絲綢之路》中首次使用『海上絲綢之路』一詞；一九七九年三杉隆敏又出版了《海上絲綢之路》一書，其立意和出發點局限在東西方之間的陶瓷貿易與交流史。

二十世紀八十年代以來，在海外交通史研究中，『海上絲綢之路』一詞逐漸成爲中外學術界廣泛接受的概念。根據姚楠等人研究，饒宗頤先生是中國學者中最早提出『海上絲綢之路』的人，他的《海道之絲路與昆侖舶》正式提出『海上絲路』的稱謂。此後，學者馮蔚然選堂先生評價海上絲綢之路是外交、貿易和文化交流作用的通道。此後，學者馮蔚然在一九七八年編寫的《航運史話》中，也使用了『海上絲綢之路』一詞，此書更多地限於航海活動領域的考察。一九八〇年北京大學陳炎教授提出『海上絲綢之路』研究，并於一九八一年發表《略論海上絲綢之路》一文。他對海上絲綢之路的理解超越以往，且帶有濃厚的愛國主義思想。陳炎教授之後，從事研究海上絲綢之路的學者越來越多，尤其沿海港口城市向聯合國申請海上絲綢之路非物質文化遺産活動，將海上絲綢之路研究推向新高潮。另外，國家把建設『絲綢之路經濟帶』和『二十一世紀海上絲綢之路』作爲對外發展方針，將這一學術課題提升爲國家願景的高度，使海上絲綢之路形成超越學術進入政經層面的熱潮。

與海上絲綢之路學的萬千氣象相對應，海上絲綢之路文獻的整理工作仍顯滯後，遠遠跟不上突飛猛進的研究進展。二〇一八年厦門大學、中山大學等單位聯合發起『海上絲綢之路文獻集成』專案，尚在醖釀當中。我們不揣淺陋，深入調查，廣泛搜集，將有關海上絲綢之路的原始史料文獻和研究文獻，分爲風俗物産、雜史筆記、海防海事、典章檔案等六個類別，彙編成《海上絲綢之路歷史文化叢書》，於二〇二〇年影印出版。此輯面市以來，深受各大圖書館及相關研究者好評。爲讓更多的讀者親近古籍文獻，我們遴選出前編中的菁華，彙編成《海上絲綢之路基本文獻叢書》，以單行本影印出版，以饗讀者，以期爲讀者展現出一幅幅中外經濟文化交流的精美畫卷，爲海上絲綢之路的研究提供歷史借鑒，爲『二十一世紀海上絲綢之路』倡議構想的實踐做好歷史的詮釋和注脚，從而達到『以史爲鑒』『古爲今用』的目的。

凡例

一、本編注重史料的珍稀性，從《海上絲綢之路歷史文化叢書》中遴選出菁華，擬出版數百册單行本。

二、本編所選之文獻，其編纂的年代下限至一九四九年。

三、本編排序無嚴格定式，所選之文獻篇幅以二百餘頁爲宜，以便讀者閱讀使用。

四、本編所選文獻，每種前皆注明版本、著者。

五、本編文獻皆爲影印，原始文本掃描之後經過修復處理，仍存原式，少數文獻由於原始底本欠佳，略有模糊之處，不影響閱讀使用。

六、本編原始底本非一時一地之出版物，原書裝幀、開本多有不同，本書彙編之後，統一爲十六開右翻本。

目録

水經

水經

二卷

〔漢〕桑欽 撰

清順治《説郛》刻本

水經卷上

漢　桑欽撰

河水

崑崙墟在西北去嵩高五萬里地之中也其高萬一千里河水出其東北陬屈從其東南流入于渤海又出海外南至積石山下有石門河水冒以西南流河水又南入葱嶺山河水又西逕罽賓國北河水又西逕月氏國南又西逕安息南河水與蜺羅跂禘水同注雷翥海又西逕四大塔北又西逕陀衛國北河水

又東逕皮山國北其一源出于闐國南山北流與葱嶺河合東注蒲昌海河水又東與于闐河合又西北流注于河南河又東逕于闐北南河又東北逕扜彌國北南河又東逕且末國北北河又東北流分爲二水枝流出焉北河自踈勒逕流南河之北北河又東逕涉車國南北河之東南逕溫宿國北河又東逕姑墨國南河水又東逕注賓城南又東逕樓蘭城南而東注河水又東注于泑澤又東入塞過敦煌酒泉張掖郡南河水又自東河曲逕西海郡南河水又東逕

允川而歷大榆小榆谷北又東過隴西河關縣北洮
水從東南來流注之河水又東北流入西平郡界左
合二川南流入河又東北濟川水注之河水東又逕
澆河故城北河水又東北逕黃川城河水又東逕石
城南左合北谷水河水又東北逕黃河城南河水又
東北逕廣違城北又合烏頭川水河水又東逕邯川
城南河水又東臨津谿水注之河水又東逕臨津城
北白土城南河水又東左會白土川水河水又東北
會兩川右合二水河水又東得野亭南河水又東歷

鳳林北河水又東與灕水合河水又逕左南城南大河又東逕赤岸北河水又東洮水注之又東過金城允吾縣北河水又東逕石城南又東過榆中縣北又東過天水北界又北過武威媼圍縣東北又東北過天水勇士縣北又東北過安定北界麥田山河水東北流逕安定祖厲縣故城西北河水又東北逕麥田城西又北與麥田泉水合河水又東北逕麥田山西河水又東北逕于黑城北又東北高平川水注之河水又東北逕眴卷縣故城西河水又北過北地富平

縣西河水又北逕富平縣故城西河水又北薄骨律
鎮城河水又逕典農城東河水又北逕典農城東河
水又東北逕廉縣故城東河水又與北枝津河水又
東北逕渾懷鄣西河水又東北歷石崖山西又北過
朔方臨戎縣西河水又北逕臨戎縣故城西河水又
北有枝渠東出謂之銅口東逕沃野故城南河水又
北屈而爲南河出焉河水又北迤西溢於窳渾縣故
城東河水又屈而東流爲北河東逕高闕南河水自
臨河縣東逕陽山南河水又南逕馬陰山西河水又

東南逕朔方縣故城東北河水自朔方東轉逕渠搜
縣故城北河水又東逕成宜縣故城南河水又東逕
原亭城南河水又東逕宜梁縣之故城南河水又東
逕稒陽城南又東過臨沃縣南河水又東枝津出焉
河水又東流石門水南注之河水又東逕稒陽縣故
城南河水又東逕塞泉城南而東注又東過雲中楨
陵縣南又東過沙南縣北從縣東屈南過沙陵縣西
河水屈而流白渠水注之河水南入楨陵縣西北又
南過赤城東又南過定襄桐過縣西河水於二縣之

間濟有君子之名河水又東南左合一水河水又南樹頹水注之河水又南太羅水注之河水又左得湳水口又南過西河圁音銀陽縣東河水又東端水入焉河水又南諸次之水入焉河水又南湯水注之又南離石縣西奢延水注之河水又南陵水注之河水又南得離石水口又南過中陽縣西又南過土軍縣西河水又南合契水河水又南得大蛇水河水又南又納辱水又南過上郡高奴縣東河水又南蒲川石樓山南逕蒲城東河水又南過河東北屈縣西河水又

南得鯉魚河水又南羊求水入焉河水又南爲採桑津又南過皮氏縣西河水又南合蒲水河水又南經丹水西南河水又南黑水注之河水又南至崿谷傍河水又南洛水自獵山枝分東派東南注于河又南出龍門口汾水從東來注之河水又南右合暢谷水河水又南逕梁山原東河水又南崌谷水注之河水又南右合陶渠水河水又西徐水注之河水又南逕子夏石室又南過汾陰縣西河水又逕郃陽城東河水又南逕陶城西又南過蒲坂縣西河水又南逕雷

首山西又南涑水注之又南至華陰潼關渭水從西
來注之河水歷船司空與渭水會河水又東北玉澗
水注之河水又東逕閿鄉侯河東與全鳩澗水合又
東過河北縣南河水又東永樂澗水注之河水自河
北城南東逕芮城河水又會槃澗河水又東逕湖縣
故城北河水又東合柏谷水河水又東右合門水又
東過陝縣北又西逕陝縣故城南又東過大陽縣南
河水又東逕大陽縣故城南河水又東沙澗水注之
又東過砥柱間河之右則崤水注之河水又東于崤

之水注焉又東過平陰縣北又東至鄧清水從西北來注之河水又東與教水合河水又與畛水合河水又東合庸庸之水河水又東逕平陰縣北河水西會瀍水（一作右會）河水又東過平陰縣北湛水從北來注之河水又東逕河陽縣故城南河水又逕臨平亭北河水又東逕洛陽縣北河水又東逕平縣故城北河水又東湨水入焉又東沛水注焉又東過鞏縣北洛水從縣西北流注之又東過成皋縣北濟水從北來注之河水又逕黄馬坂北河水又東逕旋門坂北河水

東逕成皋大伾山下河水南對玉門河水又東合汜水河水又東逕板城北河水又東逕五龍塢北又東過滎陽縣蒗蕩渠出焉河水又東北逕卷之扈亭北河水又東逕八激堤北河水又東逕卷縣北河水又東北逕赤岸固北而東北注之又東北過武德縣東沁水從之東至酸棗縣西濮水東出焉河水又東北通謂之延津河水又逕東燕縣故城北則有濟水自北來注之河水又東淇水入焉又東逕遮害亭南河水又東右逕滑臺城又東北過黎陽縣南河水自津

東北逕涼城縣河水又東北逕伍子胥廟南河水又東北爲長壽津故瀆東北逕戚城西故瀆又逕繁陽縣故城東北逕陰安縣故城西故瀆又東北逕昌樂縣故城東故瀆又東北逕平邑郭西又東北逕元城縣故城西北而至沙丘堰至于丈陸北播于九河河之故瀆自沙丘堰南分屯氏河出焉河水故瀆東北逕發干縣北城西又屈逕其北大河故瀆又東逕貝丘縣故城南大河故瀆又東逕甘陵縣故城南大河故瀆又東逕平原縣故城西而北絶屯氏三瀆北逕

繹幕縣故城東北西流逕平原鬲縣故城西大河故
瀆又北逕修縣故城東又北逕安陵縣西大河故瀆
北出爲屯氏河逕館陶縣東東北出左瀆又北逕經
城東繚城西又逕南宮縣西北注絳瀆右瀆又東北
逕廣宗縣故城南又東北逕界城亭北又東北逕長
樂郡武彊縣故城東又東北逕廣川縣與永故道合
又東北逕廣川縣故城西又東逕棘津亭南張甲故
瀆又東北至修縣東會清河屯氏別河東枝津出焉
東逕信成城南又東逕清陽縣故城南清河郡北又

東北逕陵鄉南又東北逕東武城縣故城南又東北逕東陽縣故城南屯氏別瀆又東北逕清河郡南又東北逕清河故城西屯氏別河北瀆東逕繹幕縣故城南東邑大河故瀆又東北逕平原縣枝津北出至安陵縣遂絶屯氏別河北瀆又東北逕重平縣故城南屯氏別河北瀆又東入陽信縣今無水又東爲咸河東北流逕陽信縣故城北屯氏別河南瀆自平原東絶大河故瀆又逕平原縣故城北東北枝津又出東北至安德縣界東會商河屯氏別河南瀆又東北

於平原界又有枝渠右出至安德縣遂絶屯氏別河南瀆自平原城北首受大河故瀆東出亦通謂之篤馬河東北逕安德縣故城西又東北逕臨齊城南始又屈逕其城東故瀆廣四十步又東北逕重丘縣故城西又東北逕西平昌縣故城北又逕般縣故城北東逕樂陵縣故城北又東北逕陽信縣故城南東北入海屯氏河故瀆自別河東逕甘陵之信鄉縣故城南屯氏故瀆又東逕甘陵縣故城北逕靈縣北又東北逕鄃縣與鳴犢河故瀆合上承大河故瀆於靈縣

南東北逕靈縣東東入鄃縣而北合屯氏瀆又東北
右過衛國縣南又東北過濮陽縣北瓠子河出焉河
水東逕鐵丘南河水東北流而逕濮陽縣北爲濮陽
津河水又東北逕衛國縣南東爲郭口津河水又東
逕鄄城縣北（一作國名）河水又東北逕范縣之秦亭西河
水又東北逕委粟津左會浮水故瀆故瀆東絶大河
故瀆東逕五鹿之野浮水故瀆又東南逕國邑又東
逕衛國縣故城南古斟觀浮水故瀆又東逕河牧城
而東北出又東北入東武陽縣東入河又有漯水出

焉河水又東逕武陽縣東范縣西而東北流也又東北過東阿縣北河水於范縣東北流爲倉亭津河水又歷柯澤逕東阿縣故城西而東北出流注又東北過茌平縣西河自鄧里渠東北逕昌鄉亭北逕碻磝城西河水又與鄧里渠水上承大河於東阿縣西東逕東阿縣故城北又東北逕臨邑縣與將渠合又北逕茌平縣東臨邑縣故城西北流入於河河水又東北流逕四瀆津又東北過高唐縣界

漯水

漯水又東北逕清河縣故城北漯水又東北逕文鄉城東南又東北逕博平縣右與黄溝同注川澤又東逕文鄉城又東南逕王城北黄溝又東北逕左與漯水隱覆勢鎮河陸東出於高唐縣大河右迤東注漯水矣漯水又東北逕援縣故城西漯水又逕高唐縣故城東漯水又東北逕漯陰縣故城北漯水又東北逕著縣故城南又東北逕崔氏城北漯水東南逕東朝陽縣故城南漯水又東逕漢徵君伏生墓南漯水又東逕鄒平縣故城北又東北逕界東鄒城北漯水

又東北逕建信縣故城北漯水又東北逕千乘縣二城間又東北爲馬常坈又東北過楊墟縣東商河出焉商河又北逕平原縣東又逕安德縣故城南又東北逕昌平縣故城南又東逕般縣故城南又東逕樂陵縣故城南商河又東逕初鄉縣故城南沙溝水注之商河又東北流逕馬嶺城西北而流屈而東注南轉逕城東商河又東北逕富平縣故城北商河又分爲二水南水謂之長聚溝北水世又謂之白薄瀆夫河又東北逕高唐縣故城西大河又北逕張公城臨

側河湄河水又北逕平原縣故城東大河右溢世謂之甘棗溝故瀆又東北歷長隄逕濕陰縣北河水又東北逕陽阿縣故城西又東北過漯陽縣北河水自平原左逕安德城東而北爲鹿角津東北逕般縣欒陵初鄉厭次縣故南厭次河河水又逕漯陽縣故城北十一脩右逕河水又東北爲漯沃津河水又東逕千乘城北又東北過黎城縣北又東北過甲下邑濟水從西來注之又東北入于海河水又東分爲二水枝津東逕甲下城南東南歷常沈注濟

汾水

汾水出太原汾陽縣北管涔山東南過晉陽縣東晉水從縣東南流注之又南洞渦水從東來注之又南過大陵縣東又南過平陶縣東文水從西來流注之又南過冦爵津一作冠又南入河東界又南過永安縣西又南過楊縣東西南過高梁邑西又南過平陽縣東又南過臨汾縣東又屈從縣南西流又西過長修縣南又西過皮氏縣南又西至汾陰縣北西注于河

澮水

澮水出河東絳縣東澮交東高山西過其縣南又西南過虒祁宮南又西至王橋注于汾水

涑水

涑水出河東聞喜縣東山黍葭谷又西過周陽邑南又西南過其縣南又西南過安邑縣西又南過解縣東又西南注于張陽池

文水

文水出大陵縣西山文谷東到其縣屈南到平陶縣東北東入于汾

原公水

原公水出茲氏縣西羊頭山東過其縣北又東入于汾

洞過水

洞過水出沾縣北山西過榆次縣南又西到晉陽縣南西入于汾出晉水下口者也

晉水

晉水出晉陽縣西縣甕山又東過其縣南又東入于汾水

湛水

湛水出河內軹縣西北山東過其縣北又東過波縣之北又東過毋辟邑南又東南當平陰縣之東北南入于河

濟水

濟水出河東垣縣東王屋山爲沇水又東至溫縣西北爲濟水又東過其縣北屈從縣東南流過墳城西又南當鞏縣北南入于河與河合流又東過成皐縣北又東過滎陽縣北又東至北礫磎南東出過滎陽

北濟水又東逕西廣武城北濟水又東逕東廣武城

北濟水又東逕敖山北濟水又東合滎瀆濟水又東

逕滎陽縣北濟水又東南礫石溪水注之濟水又東

索水注之又東過陽武縣北濟水又東北流南濟也

逕陽武縣故城南濟水又東逕封丘縣南濟水又東

逕東昏縣故城北濟水又東逕濟陽縣故城南又東

過封丘縣北北濟也濟水又東逕原武縣故城南濟

瀆又東逕酸棗縣之烏巢澤北又東過平丘縣南北

濟也濟水者又東過濟陽縣北濟也又東過冤朐縣

南又東過定陶縣南南濟也濟水又東北荷水東出焉濟水又東逕秦相魏冉冢濟水又東北逕定陶恭王陵南濟水又東北逕定陶縣故城南又屈從縣東北流南濟也濟水又東至乘氏縣西分爲二南爲荷水北爲濟瀆北濟又東北逕寃朐縣故城北又東北與濮水濟水故瀆又北右合洪水又東北過壽張縣西界安民亭南汶水從東北來注之濟水又北逕須朐城西濟水又逕微鄉東又北過須昌縣西濟水又北逕漁山東左合馬頰水濟水自魚山北逕清亭東

又北過穀城縣西濟水又北逕周首亭西又北過臨
邑縣東濟水又北逕平陰城西濟水又東北至垣苗
城西又東北過盧縣北濟水又逕盧縣故城北濟水
又東北與中川水合濟水又東北右會玉水濟水又
東北濼水出焉濟水又東北華不注山又東北過臺
縣北濟水又東北合芹溝水又東北過菅縣南又東
過梁鄒縣北又東北過臨濟縣南濟水又東北迴爲
淵渚謂之平州濟水又東北逕樂安縣故城南又東
北過利縣西又東北過甲下邑入于河又東北入海

其一水東流者過乘氏縣南又東過昌邑縣北又東過金鄉縣南又東過東緡縣北濟水又東逕漢平狄將軍扶溝侯淮陽米鮪冢又東過方與縣北爲菏水濟水東逕重鄉城南菏水又東過湖陸縣南東入於泗水又東南過沛縣東北又東南過留縣北又東過彭城縣北睢水從西來注之濟水又南逕彭城縣故城東又東南過徐縣北又東至下邳睢陵縣南入于淮

清水

清水出河内修武縣之北黑山東北過獲嘉縣北又東過汲縣北又東入于河

沁水

沁水出上黨沮縣謁戾山南過穀遠縣東又南過猗氏縣東又南過陽阿縣東又南出山過沁水縣北又東過野王縣北又東過周縣北又東過邢丘一日懷縣之北又東過武德縣南又東南至滎陽縣北東入于河

洪水

洪水出河内隆慮縣西大號山又東過内黄縣南爲

白溝屈從縣東北與洹水合又東北過館陶縣北又東北過清淵縣西又東北過廣宗縣東爲清河又東北過東武城縣西又北過廣川縣東又東過修縣南又東北過東光縣西又東北過南皮縣西又東北逕浮陽縣西又東北過瀛邑北又東北過鄉邑南又東北逕窮河邑南又東北過漂榆邑入于海

蕩水

蕩水出河內蕩陰縣西山東又東北至內黃縣入于黃澤

洹水

洹水出上黨泫氏縣東過隆慮縣北又東北出山逕鄴縣南又東過内黃縣北東入于白溝

濁漳水

濁漳水出上黨長子縣西發鳩山之漳水焉東過其縣南屈從縣東北流注又東過壺關縣北又東北過屯留縣潞縣北又東過武安縣又東出山過鄴縣西又東過列人縣南又東北過斥漳縣南又東北過曲周縣東又東北過鉅鹿縣東又北過堂陽縣西又東

北過扶柳縣北又東北過信都縣西又東北過下博縣之西又東北過阜城縣北又東北至昌亭與雩池河會又東北至樂成陵縣別出北又東北過成平縣南合清河又東北過章武縣西又東北過平舒縣南東入海

清漳水

清漳水出上黨沾縣西北少山大黽谷南過縣西又從縣南屈東過涉縣西屈從縣南東至武安縣南黍窖邑入于濁漳

易水

易水出涿郡故安縣閻鄉西山東過范陽縣南又東過容城縣南又東過安次縣南又東過東州縣南東入于海

滱水

滱水出代郡靈丘縣高氏山南過廣昌縣南又東南過中山上曲陽縣北恒水從西來注之又東過唐縣南又東逕安喜縣南又東過安國縣北又東過博陵縣南又東北入于易

聖水

聖水出上谷東過良鄉縣南又東過長鄉縣北又東過安次縣南東入于海

巨馬水

巨馬河出代郡廣昌縣淶山東過遒縣北又東南過容城縣北又東南至泉州縣西南東入八丈溝又南又東過勃海東平舒縣北東入于海

㶟水

㶟水出鴈門陰館縣東北過代郡桑乾縣南又東過

涿鹿縣北又東南出山過廣陽薊縣北又東至漁陽雍奴縣西入笥溝

濕餘水

濕餘水出上谷居庸關東又東流過軍都縣南又東流過薊縣北又北屈東南至狐奴縣西入于沽河

沽水

沽河從塞外來南過漁陽狐奴縣北西南與濕餘水合爲沽河又東南至雍奴縣西笥溝又東南至泉州縣與清河合東入于海清河者派河尾也

鮑丘水

鮑丘水從塞外來南過漁陽縣東又南過潞縣西又南至雍奴縣北屈東入于海

濡水

濡水從塞外來東南過遼西令支縣北又東南過海陽縣西南入于海

大遼水

大遼水出塞外衛白平山東南入塞過遼東襄平縣又東南過房縣西又東過安市縣西南入于海又玄

菟高句麗縣有遼山

小遼水

小遼水所出西南至遼隧縣入于大遼水也

浿水

浿水出樂浪鏤方縣東南過於臨浿縣東入于海

洛水

洛水出京兆上洛縣讙舉山洛水又東戶水注之洛水又東得乳水洛水又東會于龍餘之水洛水又東門水出焉洛水又東逕熊耳山北東北過盧氏縣南

洛水逕陽渠關北洛水又東逕盧氏縣故城南洛水東與高門水合洛水又東松楊谿水注之洛水又東庫谷水注之又東北過蠡城邑之南又東過陽市邑南又東北過于父邑之南洛水又東渠谷又東北過宜陽縣南洛水又東逕宜陽縣故城南又東北出散關南洛水又東枝瀆左出焉又東北過河南縣南又東過洛陽縣南伊水從西來注之又東過偃師縣南洛水又北陽渠水注之洛水又東逕訾城北又東羅水注之又東北過鞏縣東又北入于河洛水又東北

流入于河

伊水

伊水出南陽縣西蔓渠山東北過郭落山又東北過陸渾縣南又東北過新城縣南又東北過伊闕中又東北至洛陽縣南北入于洛

瀍水

瀍水出河南穀城縣北山東與千金渠合又東過洛陽縣南又東過偃師縣又東入于洛

澗水

澗水出新安縣南白石山東南入於洛

穀水

穀水出弘農黽池縣南墦塚林穀陽谷東北過穀城縣北又東過河南縣北東南入于洛

甘水

甘水出弘農宜陽縣鹿蹄山東北至河南縣南北入洛

漆水

漆水出扶風杜陽縣俞山東北入于渭

滻水

滻水出京兆藍田谷北入于灞

沮水

沮水出北地直路縣東過馮翊祋祤縣北東入于洛

渭水

渭水出隴西首陽縣渭谷亭南鳥鼠山又北過襄武縣北又東過獂道縣南又東過冀縣北又東過上邽縣又東過陳倉縣西又東逕武功縣北又東芒水從南來流注之渭水又東過槐里縣南又東澇水從南

來注之渭水又東北逕黃山宮南就水注之渭水又東合田谿水渭水又東逕槐里縣故城南渭水又東合甘水又東豐水從南來注之渭水又東北與鎬水合渭水又東北逕渭城南而泬水注之又東過長安縣北渭水又東與泬水枝津合渭水又逕長安城北又東過華陰縣北又東過鄭縣北又東過霸陵縣北霸水從縣西北流注之東入于河

漾水

漾水出隴西氐道縣嶓冢山東至武都沮縣爲漢水

又東南至廣魏白水縣西又東南至葭萌縣東北與羌水合又東南過巴郡閬中縣又東南入漢州江津縣東南入于江

丹水

丹水出京兆上洛縣西北冢嶺山東南過其縣南又東南過商縣南又東南至于丹水縣入于汮

汝水

汝水出河南梁縣勉鄉西天息山東南過其縣北又東南潁川郟縣南又東南過定陵縣北又東南過郾

縣北又東南過汝南上蔡縣西又東南過平輿縣南

一作平輿又東至原鹿縣南入于淮

卷上終

水經卷下

潁水

潁水出潁川陽城縣西北少室山又東南過其縣南又東南過陽翟縣北又東南過潁陽縣西又東南過潁陰縣西南又東南至愼縣東南入于淮又東南過臨潁縣南又東南汝南㶏强縣北洧水從河南密縣東流注之又東過西華縣北又南過汝陽縣北又東南過南頓縣北㶏水從西來流注之又東南至新陽縣北蒗蕩渠水從西北來注之

洧水

洧水出河南密縣西南馬領山又東南過其縣南又東過鄭縣南鄶水從西北來注之又東南過長社縣北又東南過新汲縣東北又東南過茅城邑之東北又東過習陽城西折入于潁

潩水

潩水出河南密縣大騩山東南入于潁

潧水

潧水出鄭縣西北平地東過其縣北又東南過其縣

東又南入于洧水渠出滎陽北河東南過中牟縣之北又東至浚儀縣又屈南至扶溝縣北其一者東南過陳縣也又東南至汝南新陽縣北又東南過山桑縣北又東南過龍亢縣南又東南過義城縣西南入于淮

陰溝水

陰溝水出河南陽武縣蒗蕩渠東南至沛爲過水又東南至下邳淮陵縣入于淮

汳水

汳水出陰溝于浚儀縣北又東至梁郡蒙縣爲濉水餘波南入淮陽城中獲水出汳水於梁郡蒙縣北又東過蕭縣南又東至彭城縣北東入于泗

睢水

睢水出梁郡鄢縣又東過睢陽縣南又東過相縣南屈從城北東流當蕭縣南入于睢

瓠子水

瓠子河出東郡濮陽縣北河東至濟陰句縣爲新溝又東北過廩丘縣爲濮水又北過東郡范縣東北爲

濟渠與將渠合又東北過東阿縣東又東北過臨邑縣西又東北過茌平縣東爲鄧里渠又東北過祝阿縣爲濟渠又東北至梁鄒縣西分爲二其東北者爲濟河其東者爲時水又東北至濟西濟河東北入于海時水東至臨淄縣西屈南過太山華縣東又南至費縣東入于沂

汶水

汶水出太山萊蕪縣原山西南過嬴縣南又東南過奉高縣北屈從縣西南流過博縣西北又西南過蛇

丘縣南又西南過岡縣北又西南過平章縣南又西南過無鹽縣南又西南過壽張縣北又西南至安民亭入于濟

泗水

泗水出魯卞縣北山西南逕魯縣北又西過瑕丘縣東屈從縣東南流漷水從東來注之又南過平陽縣西又南過高平縣西洸水從北西來流注之又南過方與縣東荷水從西來注之又屈東南過湖陸縣南沂涓水從東北來流注之又南過沛縣東又東逕山

陽郡又東南過彭城縣東北又東南過呂縣南又東南過下邳縣西又東南入于淮

沂水

沂水出泰山蓋縣艾山南過琅邪臨沂縣東又南過開陽縣東又東過襄賁縣東屈從縣南西流又屈南過剡縣西又南過良城縣西又南過下邳縣西南入于泗

洙水

洙水出泰山蓋縣臨樂山西南至卞縣入于泗

沭水

沭水出琅邪東莞縣西北山東南過其縣東又東南過莒縣東又南過陽都縣東入于沂

巨洋水

巨洋水出朱虛縣泰山北過其縣西又北過臨朐縣東又北過劇縣西又東北過壽光縣西又東北入于海

淄水

淄水出泰山萊蕪縣原山又東北過臨淄縣東又東

過利縣東又東北入于海

汶水

汶水出朱虛縣泰山北過其縣東又北過淳于縣西又東北入于縣

濰水

濰水出琅邪箕縣東北過東武城縣西又北過平昌縣東又北過高密縣西又北過淳于縣東又東北逕都昌縣東又東北入于海

膠水

膠水出黔陬縣膠山北過其縣西又北過夷安縣東
又北過當利縣西北入于海

沔水

沔水出武都沮縣東狼谷中沔水又東南逕沮水戍而東南流注漢曰沮口沔水又東逕白馬戍南濜水入焉沔水又東逕武侯壘南又東逕沔陽故城南沔水又東逕西樂城北漢水又左得度口水漢水又東黃沙水左注之漢水又東合褒水漢水又東逕漢廟堆下又東過南鄭縣南漢水又東得長柳渡漢水又

左會文水漢水又東黑水注之又東過城固縣南又東過魏興安陽縣南涔水出自旱山北注之漢水又東至灙城南與洛谷水合漢水又東逕小城固南漢水又東逕石門灘漢水又東逕嬀墟爲灘漢水又東逕猴經灘漢水又東逕小大黃金南漢水又東合蘧蒢漢口漢水又東右會洋水漢水又東歷敖頭漢水又東合直水漢水又東逕直城南漢水又東逕晉昌郡之寧都縣南漢水又東逕魚脯谿口又東過西城縣南漢水又東右得大勢漢水右對月谷口漢水又

東逕西城縣故城南漢水又東爲鱣湍漢水又東合旬水漢水又東逕木蘭塞南漢水又東左得育漢漢水又東逕魏興郡之錫縣故城北漢水又東歷姚方沔水又東過襄陽縣北沔水又東合檀谿水沔水又逕平魯城南又從縣東屈西南淯水從北來注之沔水中有魚梁洲沔水又逕桃林亭東沔水又東南逕蔡洲沔水又東南邑城北沔水又東合洞口又東過中廬縣東淮水自房陵縣淮山東流注之沔水又東南流逕黎丘故城西又南過邔縣東北一作印沔水又

南得木里水會又南過宜城縣東夷水出自房陵縣東流注之沔水又逕鄀縣故城南沔水又東敖水注之沔水又東南與臼水合沔水自荆城東南流逕當陽縣之章山東沔水又東右會權口沔水又東南與陽口合又東南逕江夏雲杜縣東夏水從西來注之沔水又東逕左桑沔水又東合巨亮水口沔水又東得合驛口沔水又東謂之横桑沔水又東謂之鄭潭沔水又東得死沔沔水又東與力口合沔水又東南湞入水焉沔水又東逕沌陽縣北又南至江夏沙羨

縣北南入于江沔水與江合流又東過彭蠡澤又東北出居巢縣南又東過牛渚縣南又東至石城縣分爲二其一東北流其一又過毗陵縣北爲北江南江又東與貴長池水合南江又南東逕宣城之臨城縣南南江又東與桐水合南江又東逕寧國縣南南江又東北爲長瀆歷河口東則松江出焉江水奇分謂之三江口又東至會稽餘姚縣東入于海江水又東逕黃橋下江水又東逕餘姚縣故城南江水又東注于海又東過堵陽縣堵水出焉自上粉縣北流注之

又東過鄖鄉縣南漢水又東逕鄖鄉縣故城南漢水又東逕琵琶谷口又東北流又屈東南過武當縣東北漢水又東爲伋子潭漢水又東南逕武當縣故城北漢水又東平陽川水注之沔水又東南逕縣城東沔水又東逕龍巢山下又東南逕涉都縣東北又東南過酇縣之西南又南逕穀城東又南過陰縣之西沔水又東南得洛谿口又南過筑陽東筑水出自房陵縣東過其縣南流注之又東逕學城南沔水又南逕筑陽縣東沔水又東爲漆灘又東過山都縣東北

沔水又東逕樂山北沔水又東逕隆中

潛水

潛水出巴郡宕渠縣又南入于江

湍水

湍水出酈縣北芬山南流過其縣東又南過冠軍縣東又東過白牛邑南又東南至新野縣東入于淯

均水

均水出淅縣北山南流過其縣之東又南當涉都邑縣北南入于沔

粉水

粉水出房陵縣東流過郢邑南又東過穀邑南東入于沔

白水

白水出朝陽縣西東流過其縣南又東至新野縣西東入于淯

泚水

泚水出泚陽東北太胡山東南流逕其縣南泄水從南來注之又西至新野縣南入于淯

淮水

淮水出南陽平氏縣胎簪山東北過桐栢山淮水又東逕義陽縣淮水又逕義陽縣故城南淮水又東得澌口水東過江夏平春縣北淮水又東油水注之淮水又東北與大木水合淮水又東北流左會湖水淮水又東逕安陽縣故城南又東逕新息縣南淮水又東逕浮光山北淮水又東右壑水淮水又東北申陂枝水注之淮水又東逕淮陰亭北又東逕白城南淮水又東逕長陵戍南又東青陂水注之淮水又東北

合黃水又東過期思縣北淮水又東北淠水注之一作淠東過原鹿縣南汝水從西北來注之又東過廬江安豐縣東北決水從北來注之淮水又東谷水入焉淮水又東北左會潤水淮水又東北窮水入焉又東北至九江壽春縣西沘水洪水合北注之又東潁水從西北來流注之淮水又東流與潁口會東南逕倉陵北又東北流逕壽春縣故城西淮水又北左合椒水又東過壽春縣北肥水從縣東北流注之淮水又北逕山硤中謂之硤石淮水又北逕莫耶山西又東

過當塗縣北過水從西北來注之淮水又東北濠水注之淮水又北沙水注之又東過鍾離縣北淮水又東逕夏丘縣南淮水又東逕浮山淮水又東逕徐縣南歷澗水注之淮水又東池水注之淮水又東蘄水注之淮水又東歷客山逕盱眙縣故城西又東北至下邳淮陰縣西泗水從西北來流注之又東過淮陰縣北中瀆水出白馬湖東北注之又東兩小水流注之又東至廣陵淮浦縣入于海

淮水

滍水出南陽魯陽縣西之堯山東北過潁川定陵縣西北又東過郾縣南東入于汝

淯水

淯水出弘農盧氏縣攻離山東南過南陽西鄂縣西北又東過宛縣南又屈南過淯陽縣東又南過新野縣西西過鄧縣東南入于沔

濦水

濦水出濦強縣南澤中東入潁

灈水

灈水出汝南吳房縣西北輿山東過其縣北入于汝

瀙水

瀙水出潕陰縣東上界山東過吳房縣南又東過灈陽縣南又東過上蔡縣南東入汝

潕水

潕水出潕陰縣西北扶予山東過其縣南又東過西平縣北又東過郾縣南又東過定頴縣北東入于汝

溳水

溳水出蔡陽縣東南逕隋縣西又南過江夏安陸縣

西又東南入于夏

灄水

灄水出江夏平春縣西南過安陸入于溳

蘄水

蘄水出江夏蘄春縣北山南過其縣西又南至蘄口南入于江

決水

決水出廬江雩婁縣南大別山北過其縣東又北過安豐縣東又北入于淮

沘水

沘水出廬江灊縣西南霍山東北東北過六縣東北入于淮

泄水

泄水出博安縣北過芍陂西與沘水合西北入于淮

肥水

肥水出九江成德縣廣陽鄉西肥水別北過其縣西北入芍陂又北過壽春縣東北入于淮

施水

施水亦從廣陽鄉東南入于湖

沮水

沮水出漢中房陵縣淮水東南過臨沮縣界又東南過枝江縣東南入于江

漳水

漳水出臨沮縣東荆山東南過蓼亭又東過章鄉南又南至枝江縣北烏扶邑入于沮

夏水

夏水出江流于江陵縣東南又東過華容縣南又東

至江夏雲杜縣入于沔

羌水

羌水出羌中參狼谷又東南至廣魏白水縣與漢水合

又東南過巴郡閬中縣又南至墊江縣東南入于江

涪水

涪水出廣魏涪縣西北南至小廣魏與梓潼合

梓潼水

梓潼水出其縣北界西南入于涪又西南至小廣魏

縣南入于墊江

涔水

涔水出漢中南縣東南旱山北至沔陽縣南入于沔

江水

岷山在蜀郡氐道縣大江所出東南過其縣北江水自天彭闕東逕汶關而歷氐道縣北又有湔水入焉江水又東別爲沱江水又歷都安縣又東南過犍爲武陽縣青衣水洙水從西南來合而注之又東南過僰道縣北若水淹水合從西來注之又東注水北流注江水又與符里水合又東過江陽縣南洛水從三

危山東過廣魏洛陽南東南注之江水逕漢安縣北
江水東逕樊石灘又逕大附灘又東過符縣北邪東
南鰼部水從符關東北注之又東北至巴郡江州縣
東强水涪水漢水白水宕渠水水合南流注之又江
水東至枳縣西延江從牂牁郡北流西屈注之又逕
東望峽東歷平都江水又逕虎鬚灘江水又東逕臨
江縣南江水又東得黃華水口左逕石城南又東至
平洲又東逕壤塗而歷和灘又東逕界壇江水又東
右得將龜谿口江水又東南會北集渠江水又右逕

也谿口江水又東逕右龍又東逕羊腸虎臂灘江水又東彭水注之江水又東右逕朐忍縣故城南江水又東逕瞿巫灘江水又逕東陽灘江水又逕魚復縣之故陵江水又東爲落牛灘逕故陵北江水又右逕夜淸而東歷朝陽道口江水又東左逕新市里南江水又東右合陽元水口江水又東逕南鄉峽東逕永安宮南江水又東逕諸葛亮圖壘南江水又東南逕赤岬西江水又東逕魚復縣故城南江水又東逕廣谿峽西過鄧縣東江水自關東逕弱關捍關南入于

汚江水入東烏飛水注之江水又東逕巫縣故城南江水又東巫溪水注之江水又東逕巫峽江水歷峽東逕新崩灘江水又東逕石門灘又東逕秭歸縣之南江水又東逕城北江水又東南逕夔城南江水又東逕歸鄉縣故城北江水又東逕信陵縣南江水又東過夷陵縣南江水歷峽東逕宜昌縣之插竈下江水又東流頭灘江水又東逕宜昌縣北江水又東逕狼尾灘而歷人灘江水又東逕黃牛山江水又東逕西陵峽江水歷禹斷江江水出峽東南流逕城故州

江水又東逕故城北江水又東逕白鹿巖江水又東
歷荆門虎牙之門又東南過夷道縣北夷水從狠山
縣南東北注之江水又東逕上明城北江水又東會
沮口又南過江陵縣南江水又東逕鷰尾洲江水東
得馬牧口江水又東逕江陵縣故城南江水又東逕
郢城南江水又東得豫章口又東至華容縣西夏水
出焉又東南當華容縣南涌水出焉江水又東涌水
注之江水又逕南平郡孱陵縣之樂鄉城北又東南
油水從西南來注之又東右合油口又東逕公安縣

北江水左會高口江水又東得故市口江水又右逕楊岐北山大江又東左合子夏口大江又東左得侯臺水口大江右得龍穴水口江水自龍巢而東俞口又東得清楊士塢二口大江右逕石首山北又東逕赭要江水左得飯筐上口江水又右得上檀浦江水又東逕竹畦南又東至長沙下雋縣北澧水沅水資水合東流注之湘水從南來注之江水又東左得二夏浦又東逕彭城口江水自彭城磯東逕如山北江水又左逕白螺山南江水左逕止烏林南江水又東

左得子練口江水左得中昜水口又東得白沙口江水東右得聶口江水左逕百人山南江水東逕大軍山南江水又東逕小軍山南江水又東逕雞翅山北又東北至江夏沙羨縣西北沔水從北來注之江水又東逕歎父山南對歎州江水又東逕魯山南江水左得湖口水通太湖又東合灄口水上承沔水於安陸縣而東逕灄陽縣北東南注于江江水又東湖水自北南注謂之嘉吳江右岸頻得二夏浦北對東城洲西浦側有雍伏戍江之左岸東會龍驤水口出北

山蠻中江之有武口水上通安陸之延頭江水東逕若城南又東過邾縣南江水右得黎磯北江水又東逕邾縣故城南鄂縣北江水右得樊口江水又左逕赤鼻山南又東逕西陽郡南郡治卽西陽縣也江之右岸有鄂縣故城江水左則巴水注之又東逕軑縣故城南東會希水口出灊縣霍山西麓山北有灊縣故城大江右岸有厭里口安樂浦江水左得赤水浦江水又東逕南陽山南江水又東逕西陵縣故城南江水東歷孟家溠江之右岸有黃石山水逕其北又

東過蘄春縣南蘄水從北東注之又東過下雉縣北

利水從東陵西南注之又東左得青林口

青衣水

青衣水出青衣縣西蒙山東與沬水合也至犍爲南安縣入于江

桓水

桓水出蜀部岷山西南行羌中入于南海

若水

若水出蜀郡旄牛徼外東南至故關爲若水也南過

越嶲邛都縣西直南至會無縣淹水東南流注又東北至犍爲朱提縣西瀘江水又東北至僰道縣入于江

沫水

沫水出廣柔徼外東南過旄牛縣北又東至越嶲靈道縣出蒙山南東北與青衣水合東入于江

延江水

延江水出犍爲南廣縣又東至牂牁鄨縣東屈北流至巴郡涪陵縣注更始水又東南至武陵酉陽縣入

于酉水

沅酉水

酉水東南至沅陵縣入于沅

存水

存水出犍爲郁鄢縣東南至鬱林定周縣爲周水又東北至潭中縣注于潭

溫水

溫水出牂牁夜郎縣又東至鬱林廣鬱縣爲鬱水又東至領方縣東與斤南水合東北入于鬱

淹水

淹水出越嶲遂久縣徼外東南至蜻蛉縣又東過姑復縣南東入于若水

葉榆水

益州葉榆河出其縣北界屈從縣東北流過不韋縣東南出益州界入牂牁郡西隨縣北爲西隨水又東出進桑關過交阯麊泠縣北分爲五水絡交阯郡中至東界復合爲三水東入海

夷水

夷水出巴郡魚復縣江東南過狼山縣南又東過夷道縣北東入于江

油水

油水出武陵孱陵縣西界又東北入于江

澧水

澧水出武陵充縣西歷山東過其縣南又東過零陽縣之北又東過作唐縣北又東至長沙下雋縣西北東入于江

沅水

沅水出牂牁且蘭縣爲旁溝水又東至鐔城縣爲沅
又東北過臨沅縣南又東至長沙下雋縣西北入于
江

泿水

泿水出武陵鐔城縣北界沅水谷南至鬱林潭中縣
與鄰水合又東至蒼梧陵縣爲鬱溪又東至高要縣
爲大水又東至南海番禺縣西分爲二其一南入于
海其一又東過縣東南入于海員水又東南一千五
百里入南海

資水

資水出零陵都梁縣路山東北過夫夷縣東北過邵陵縣之北又東北過益陽縣北又東與沅水合於湖中東北入于江也

漣水

漣水出連道縣西資水之別東北過湘南縣南又東北至臨湘縣西南東入于湘

湘水

湘水出零陵始安縣陽海山東北過零陵縣東又東

北過洮陽縣東又東北過泉陵縣西又東北過重安縣東又東北過鄙縣西泰水從東南來注之又東北過陰山縣西洣水從東南來注之又北過灃陵縣西漉水從東注之又北過臨湘縣西瀏水從縣西北流注又北溈水從西南來注之又北過羅縣西潰水從東來流注之又北過下雋縣西微水從東來流注之又北至巴丘山入于江

灕水

灕水亦出陽海山南過蒼梧荔浦縣又南至廣信縣

入于鬱水

溱水

溱水出桂陽臨武縣南繞城西北屈東流東至曲江縣安聶邑東屈西南流過湞陽縣出淮浦關與桂水合南入于海

匯水

滙水出桂陽縣盧聚東南過含洭縣南出洭浦關爲桂水

深水

深水出桂陽盧聚西北過零陵營道縣南又西北過營浦縣南又西北過泉陵縣西北七里至燕室邪入于湘

鍾水

鍾水出桂陽南平縣都山北過其縣東又東北過宋渚亭又北過鍾亭與雞水合又北過魏寧縣之東又東北入于湘

耒水

耒水出桂陽郴縣南山又北過其縣之西又北過便

縣之西又西北過耒陽縣之東又北過酃縣東北入于湘

洣水

洣水出茶陵縣上鄉西北過其縣西又西北過攸縣南又西北過陰山縣南又西北入于湘

漉水

漉水出醴陵縣東漉山西過其縣南屈從縣西西北流至漉浦注入于湘

瀏水

瀏水出臨湘縣東南劉陽縣西北過其縣東北與澇溪水合西入于湘

溳水

溳水出豫章艾縣西過長沙羅縣西又西累石山入于湘水

贛水

贛水出豫章南野縣西北過贛縣東又西北過廬陵縣西又東北過石陽縣西又東北過漢平縣南又東北過新淦縣西又北過南昌縣西又北過彭澤縣西

北入于江

盧水

盧江水出三天子都北過彭澤縣西北入于江

漸江水

漸江水出三天子都北過餘杭東入于海

斤江水

斤江水出交阯龍編縣東北至鬱林領方縣東注于

鬱容容夜緬湛乘牛渚須無無濡營進皇無地零侵

黎無會重瀨夫省無變由蒲王都融勇外此皆出日

南郡西東東入于海

山澤

嵩高爲中嶽在頴川陽城縣西北

泰山爲東嶽在泰山博縣西北

霍山爲南嶽在廬江灊縣西南

華山爲西嶽在弘農華陰縣西南

雷首山在河東蒲坂縣東南

砥柱在河東大陽縣東河中

王屋山在河東垣曲縣東北也

太行山在河内野王縣西北

恒山爲北嶽在中山上曲陽縣西北

碣石山在遼西臨渝縣南水中也

析城山在河東濩澤縣西南

太嶽山在河東永安縣

壺中山在河東北屈縣東

南龍門山在河東皮氏縣西

梁山在馮翊夏陽縣西北河上

荆山在馮翊懷德縣南

岐山在扶風美陽縣西北

罔山在扶風汧縣之西也

隴山終南山惇物山在扶風武功縣西南也

須山在隴西臨洮縣西南

嶓冢山在隴西氐道縣之南

鳥鼠同穴山在隴西首陽縣西南

積石在隴西河關縣西南

都野澤在武威縣東北

合離山在酒泉會水縣東北

流沙地在張掖居延縣東北

三危山在燉煌縣南

朱圉山在天水北冀縣南

岷山在蜀郡湔氐道西

嶓冢山在弘農盧氏縣南

荆山在南郡臨沮縣東北

内方山在江夏竟陵縣東北

大別山在廬江安豐縣西南

外方山崧高是也

桐柏山在南陽平氏縣東南
陪尾山在江夏安陸縣東北
衡山在長沙湘南縣南
九江地在長沙下雋縣西北雲夢澤在南郡華容縣
之東東陵地在廬江金蘭縣西北敷淺原地在豫章
歷陵縣西南彭蠡澤在豫章彭澤縣北中江在丹
蕪湖縣南東至會稽陽羨縣入于海震澤在吳縣南
五十里北江在毗陵北界東入于江
嶧陽山在下邳縣之西

羽山在東海祝其縣南也

陶丘在濟陰定陶縣之西南

菏澤在定陶縣東雷澤在濟陰成陽縣西北菏水在山陽湖陸縣南蒙山在太山蒙陰縣西南大野澤在山陽鉅野縣東北大邳地在河南成皐縣北明都澤在梁郡睢陽縣東北益州沲水在蜀郡汶江縣西南其一在郫縣西南皆還入江荊州沲水在南郡枝江縣三澨池之南在邛縣之北右禹貢山水澤地所在凡六十

終

异域志

异域志

二卷

〔元〕周致中 纂集

明萬曆二十五年金陵荊山書林刻《夷門廣牘》本

異域志

異域志小序

異域志者得之雲間陳眉公惜多魯魚輒篝燈讐歐壽之殺青以為遊觀廣攬之助六合邈矣人居寰宇中以藐躬即未至如瞿曇氏所云東勝西牛日月互

異之說糊米之於太倉也毫末之於馬體也夫豈欺我何智不出里巷而視山海之外遂為悅忽閱遼乎雖歷廣谷大川民生異俗匈奴貴漢財物至馳逐射獵韝繒裂不可用而珠璣桂林

佹守佹失平爲中國病夫使予有守四夷閉玉關無封狼居胥意則可沿九滄海之上若干城之不飭何事周知域外第相侏說爲瑕日以此質之陳眉公眉公曰子有遊覽之里而又有討

彊之慮君子謂之博而忠請無以異域爲玩而眷周者圉知異域何害卒梓之

萬曆丁酉上元嶽來海虞山人

周履請書

異域志目録

上卷

異域志目録終

異域志卷之上

元江陵處士周致中纂集
明　嘉禾梅墟周履靖
華亭眉公陳繼儒　同校
金陵荆山書林梓行

扶桑國

在日本之東南大漢國之正東無城郭民作板屋以居風俗與太古無異人無機心麋鹿與之相親人食其乳則壽罕疾得太陽所出生炁之

所薰炙故也然其東極清陽光能使萬物受其氣者草木尚榮而不悴況其人乎

長生國

其國在穿胷國之東秦人曾至其國其人長大而色黑有數百歲不死者其容若少其地有不死樹食之則壽有赤泉飲之不老蓋其國乃在天地靈氣之所鍾神明秀氣之所蔭凡草木鳥獸皆壽何況人乎

朝鮮國

古朝仙一曰高麗在東北海濱周封箕子之國以商人五千從之其醫巫卜筮百工技藝禮樂詩書皆從中國衣冠隨中國各朝制度用中國正朔王子入中國太學讀書風俗華美人性淳厚地方東西三千南北六千里居開城府倚山爲官曰神嵩民舍多茅茨鮮陶瓦以樂浪爲東京百濟金州爲西京有郡百八十鎮三百九十洲島三十以鴨綠江爲西固東南至明州海皆絕碧至洋則黑海人謂無底谷也

日本國

在大海島中島方千里即倭國也其國乃徐福所領童男女始創之國時福所帶之人百工技藝醫巫卜筮皆全福因避秦之暴虐已有遁去不返之意遂爲國焉而中國詩書遂留於此故其人多尚作詩寫字自唐方入中國爲商始有奉胡教者王乃髡髮爲桑門穿唐僧衣其國人皆髡髪孝服則留頭

爽人

名僬僥按許氏説文曰僰字從其人在四夷爲最生居坤地頗順其性故名以人字傍名之也其國則中慶威武大理永昌等府是也今滇南者皆是焉

緬人

在大理西南行五十日程可至種類甚衆與僰人相隣其人以大被爲衣古稱窮荒之國是也因知中國之制頗效之故其風俗似囉囉其性狼悍貴勇尚戰鬭

木蘭皮國

其國乃陽感之方生物甚旺在大食國西有巨海國之西有國不可勝數可至者惟木蘭皮耳自陀盤地國發舟正西涉海百日而至一舟容數百人中有酒食肆機杼之屬其國所産麥一粒長三寸瓜圍四五尺橊一顆重五斤桃二斤萊長三四尺穿井百丈方見泉胡羊高三四尺尾大如扇春則剖腹取膏數十斤再縫而能復活藥線縫之功也華佗之術出於此

韃靼

一名匈奴一名單于一名玁狁一名突厥一名獯鬻一名契丹一名羌胡一名蒙古種類甚多其風俗以鞍馬爲家水飲草宿無城郭房屋地產羊馬駝牛專以射獵爲生無布帛衣毛革俗無鰥寡孤獨之人

包石　阿思　歪刺　巴赤吉 以上四國同

黑契丹

其國有城池房屋耕種牧養爲活出產羊馬與

韃靼不同風俗頗類家室頗富不與韃靼相往來女直金人名馬會者曾至其國

乞黑奚國

民皆野處水飲草宿射獵爲活與韃靼同與木思奚德國同

土麻

其國人烟至煩似韃靼出羊馬耕種射獵風俗與西番同

女暮樂

有城池房屋人煙至多衣毛葦畜牛羊種田射獵爲活韃靼會到

阿里車盧

其城在山林中種田牧放爲活人似韃靼與深烈大國同

波利國

多林木無城池有房屋人種田爲生會與韃靼爲商

滅吉里國

人烟極多言語風俗皆與韃靼同其國近西戎

擺里荒國　大羅國皆與韃靼同二國種類相似皆以鞍馬射獵爲生

果魯果訛

有城池種五穀出良馬即西胡之種比胡人有家業不水飲草宿

無連蒙古

在海島中有城池房屋其人頗富出貂鼠其國近西番

吾凉愛達

與韃靼同種又在東北上分界民皆在山林子
任有野馬無牛羊打魚食馬乳過日

結賓郎國

有城池種田黃頭仙人成道處與西戎相近好
神鬼事奉佛者多

七番

耕山種田出駝牛類北胡即西番種俗謂野西
番是也

隴木郎

有城一座昔日番王建都於此有百姓住坐地土廣人頗富乃西戎之國也

大食弼琶羅國

有州四座無國主唯主豪吏互主事如婚嫁取有孕牛尾爲信候牛生犢時始還娶妻須要男家割陽物曰人尾來以爲聘禮女家還元割牛尾期信女家得之甚喜以鼓樂迎之地產駱駝鶴長六七尺有翼能飛食雜物或燒赤熱銅鐵

與之食生卵如椰子破之如瓮瓮有聲國人好獵日射獸而食

注輦國

西胡南印度也自故臨易舟行兩去有象六萬背立屋載勇士以金銀爲錢國人尚氣輕生不同釜而爨亦不共器而食

娑羅國

國人狼戾可畏男女皆佩刃而行但與人不睦即刺殺之奔走他所一月之內得獲則償命一

月之外出者不論若他國人至捫其婦人乳者自喜曰你愛我若有私意即出刃刺殺之

女眞

在鳥綠之陽長北山之下古肅慎氏之國也始因新羅人完顔氏者奔於國遂家焉地多產金故女眞阿古荅稱帝國號大金其國人皆以魚鹿之皮爲衣風俗好歌舞肘膝常帶利刃晝夜不解輕生重死好戰鬬無畏所懼者惟野人與野人爲親者即刺其面

聱耳干

在女真之東北與狗國相近其地極寒雪深丈餘衣狗皮食狗肉養狗如中國人養羊不種田捕魚爲生其年魚多謂之好收出海青產白鹿有一獸人莫能見常有蜕下之脊角如龍骨相似

大野人

國有大山林男子奶長如瓠會韃靼追趕至將奶搭在手上奔走會人言食葉即野人同

小野人

在女真之北性狠戾不畏生死以殺死爲吉祥病終爲不利父子相殺以爲常馬種類以黥靣爲號

采牙金彪

係西番木波人其國頗富有出産尚財利爲番商者多罕入中國

鐵東國

其國人甚富出駝馬牛羊與西番相類即西番

之種土番是也

烏衣國

在韃靼黑海之北鎮撫爬剌曾到言其人皆衣黑衣戴大黑巾掩至膝腕不令他國人見其面常帶刀行有見面者即殺死其國甚富所賣之物皆懸於市蓬之上他國人欲買者以物拴其上方可換上價少即追而殺之人稱燕子有烏衣國非也

歇祭

其國皆平地多林木有房舍人耕種爲活出良馬人黄眼黄毛髮即黄達子專務刼掠回回諸國商貨

退波

係黑和尚有城池房舍出牛馬林木甚多與西戎相隣酋長皆是剌麻主之

的剌普剌國

有城池民種田出明珠異寶番國皆往彼國買賣者多與撒毋耳干境相連

不剌

係西番出羊馬人狠惡尚戰鬭罕與諸國通

回鶻

其先本匈奴臣於突厥突厥資其財力雄北荒大業中自稱回紇子曰菩薩突厥亡惟回紇最強菩薩死其酋與諸部攻薛延陀殘之并有其地

吐蕃

吐蕃本西羗居祈支水西蕃發聲近故其子孫

曰吐蕃而姓勃窣野其俗謂強雄曰贊大夫曰普故號君長曰贊普其後有君長曰論贊曰弄贊

于闐國

在西戎釋氏之國婦人衫袴束帶與男子同死者以火化之收骨而葬也佛書云佛見鴈死於地以沙葬之後因之以沙爲塚數層胡稱曰鴈塔凡人死者其骨共葬一塔各依長幼而葬居喪者剪髮長四寸後佛涅槃循其故事亦以沙

爲塚其塔自此始

大食勿拔國

其國邊海天氣暖甚出乳香樹逐日用刀斫樹皮取乳每年春末有飛禽自天而降如白絲鵝肥而味佳有大魚高二丈餘長十丈餘人不敢食剝膏爲油筋可作屋桁舂骨可作門扇骨節爲舂臼又有龍涎成塊泊岸人競取爲貨賣

大闍婆

其國王孫始因雷震石裂有一人出後立爲王

其子孫尚存產青鹽綿羊鸚鵡珎珠寶貝又言其國中有飛頭者其人目無瞳子其頭能飛其俗所祠名曰虫落因號落民漢武帝時因墀國使南方有解形之民能先使頭飛南海左手飛東海右手飛西澤至暮頭還肩上兩手遇疾風飄於海水外

東印度國

人性强獷好殺伐以戰死爲吉利以善終爲不祥昔周伯陽父愬其克殺化之見周書至周莊

王九年四月八日恒星不見星隕如雨是夜釋氏生能修性宗教國人宗之稱名曰佛蓋佛者如中國稱神彼皆稱佛漢明帝時其法流入中國晋明帝時其法大行

蘇都識匿國

國名夜义有野人窟人近窟住者五百餘家窟口作舍設關籥一年再祭人有逼窟口烟氣出先觸者死因以屍擲窟口其窟不知深淺其人皆如夜义

龜茲國

漢武帝兵曾至其國每至元日鬬牛馬駝爲戲七日觀勝負以占一年羊馬繁息勝者則旺

馬耆國

每於十月十日王出首領家首領騎王馬一日一夜處分王事十月十四日作樂至元日王及首領分爲兩朋各出一人着甲東西互擊甲人先死即止以占當年豐儉

馬耳打班

其人與囘囘同令初生未開眼者爲上進王則爲孝順

入不國

有城池種田出胡椒其地至即熱南囘囘也其國頗富商賈之利

西南夷

國人椎髻跣足衣班花布披色氈背刀帶弩其人勇悍死而無悔西戎皆畏之

西番

即鬼方武丁征鬼方三年克之人曰鬼陰類曰鬼戎曰犬戎無王子管轄無城池房舍多在山林内住食人肉其國人奉佛者皆稱剌麻

鳩尼羅國

與新千里國同此乃西番出佛牙石去處其石如朽骨妖妄者做成牙樣曰佛牙以誑人布施求其財利

沙彌茶國

乃太陽西沒之地有異人名狙葛尼到此遂立

文字每至晚日入聲若雷霆國王每於城上聚千人吹角嗚鑼擊皷混雜日聲不然則人皆驚死漢有人至之

蒲甘國

其國至富自大理五千至其國自窊裏國六十程至之隔黑水淤泥河西番諸國不可通國王戴金冠金銀飾屋壁以錫爲瓦用華麗之甚

斯伽里野國

其地乃陰陽擊之方近蘆眉國山上有穴四季

出火國人扛大石千百斤納穴中須臾爆出皆碎五年一次火出其火流轉海邊復回所遇林木下燒遇石焚之如炭有神主之

崑崙層期國

其國地極熱在西南海上接海島飛則蔽日巳能食駱駝昔有人拾其翎截管可作水桶有野人身如墨深鬈髮國人布食誘捉賣與番商作奴尚貨利也

暹羅國

國在海中民多作商尚利其名姓皆以中國儒名稱呼其風俗男子皆割陰嵌八寶人方以女妻之海中有一島島中之樹其花鬚一匙二筋狀如黑漆人用之飲食其油膩不能汚若欖茶則化

虎六母思

其國在西南海中回紇之國其地至熱出番布琭寶與西洋國頗同

西洋國

在西南海中地產珊瑚寶石等物所織綿布絕細瑩潔如紙其人髡首以白布纏頭以金爲錢交易國人至富

烏伏部國

其國有土神於此化土蟒以濟饑渴遂立其國又與孔雀三啄雀滄泉以愈衆疾民稍富

眞臘國

其國極熱卽南回回凡嫁娶女子九歲乃會親友令僧作佛事以指頭挑破女子童體以血點

於毋額以爲利事嫁人夫婦和十歲卽嫁人與其妻通其夫卽喜國人爲盜卽斬手斷足或以火印烙記黥額死罪者以木椿穿其屍

西棚國

與眞臘相隣風俗不同其國望見天有一竅極明土人稱天門

瓜哇國

古闍婆國也自泉州舩一月可到天無霜雪四時之氣常煥地産胡椒蘇木無城池兵甲無倉

廩府庫每遇時節國王與其屬馳馬執鎗校武勝者受賞親朋踴躍以爲喜傷死者其妻不顧而去飲食以木葉爲盛手撮而食宴會則男女列坐咲喧盡醉凡草虫之類盡皆烹食市賈皆婦人婚娶多論財夫喪不出旬日而適人與中國爲商往來不絕

道明國

與野人同國人不着衣服見着衣者即共咲之俗無鹽鐵以竹弩射虫魚俗稱朧箇樣板者此

也

近佛國

其國人性與禽獸同在東南海上多野島蠻賊居之號麻囉奴商船至其國羣起擒之以巨竹夾而燒食人頭爲食器父母一死則召親戚擕鼓共食其屍肉非人類比也

散毛

種類甚多喜戰鬭不畏死其諸洞惟散毛洞最大

交州

按地輿志曰周曰駱越秦曰西甌故曰甌越漢曰安南杜氏通典曰交趾地產金出象出香風景與兩廣頗同　國朝以爲文禮之邦以元帝之二太子贅婿於陳氏以奉元祀焉

大琉球國

在建安之東去海五百里其國多山洞各部落酋長皆稱小王至生分彼此不和常入中國貢王子及陪臣皆入太學讀書

小琉球國

與大琉球國同其人麄俗少入中國風俗與倭夷相似

占城

漢置林邑郡其屬郡有賓童龍賓陀陵化州三舍城地方三千餘里南抵真臘北抵安南廣州順風八日可到國人多姓翁產名香犀象珍寶常爲歲貢王子入朝中國比安南不尚文墨尚戰鬭喜師巫邪術其民有犯訟不能決着卽令

過觧潭其潭有神魚能知人善惡理鬬者魚即食之

伯夷國

其國近雲南風俗與占城同人皆以墨刺其腿爲號養象如中國養羊馬其地出寳石名香

三佛馱國

在西南海中有山揷環流千里名大鐵圍山人不可躋攀今古無人得到此天地設険之所也惟有一竅可入國人守之其海南皆不能入内

有良田珎寶出焉

可只國

西番出寶物處境與撒毋耳干相隣目富貴番商不入中國

馬羅國

出異寶生頭香即西戎之國其方多産寶物人至醜惡可畏

印都丹

其人身黑色地熱無雲出佛之處其國人多拳

佛而勇悍少有慈心風上故也

黑暗國

地産犀牛與回鶻同即南海中回回也未嘗入中國其俗皆與西洋同

天際國 即天門國

西棚國望見天有一痕明亮即是其國也其國極富城池宮室皆如中國橋梁石柱皆用玉有華表二根皆瑪瑙産珍寶異香大槩天道左旋每一年一週天四極之際天光長多如骨利國

日長夜短是也其國一年天旋到此天光返照一遍國人謂之天門開非也

天竺國

國黍大秦國主悉由大秦選擇地産良馬俗皆編髮垂下兩鬓以帛纏頭彩𧙊韈襪國内有聖水能止風濤番商人等以琉璃瓶盛之若遇濤洒之即止與默枷國水同

大食無斯離國

出甘露秋露降暴之成糖霜食之甘美山有天

生果子名蒲蘆可採食次年復生名麻茶澤三年再生名没石子產麥桃櫚等物地窖之物數十年不壞

異域志卷之上　終

異域志卷之下

元江陵處士周致中纂集

明　嘉禾梅墟周履靖　華亭眉公陳繼儒　同校

金陵荊山書林梓行

撒母耳干

在西番回鶻之西其國極富麗城郭房屋皆與中國同其風景佳美有似江南繁富似中國商人至其國者多不思歸皆以金銀爲錢出寶石

珍玉良馬獅子

訶條國

近女眞金遼山廟有石龜如人飲食將盡向龜作禮則飲食悉具其人多尚巫談禍福

眉路骨國

其國似佛有城七重上古有黑光石砌就有番人塚三百餘所胡稱曰塔一所高八十丈安三百六十房人以毛段爲衣肉麪爲食金銀爲錢地產砂摩挲石等物

藏國

其國有城池屋舍地產大椰木有五丈圍者一日椰國其空樹中可容二十人

勿斯里國

其國百年不一兩止有天江不知其源水極甘溢則四十日浸田水退而耕二年必有一白髮人從江水出坐於石上國人拜問吉凶其人不語若笑則年豐悲則饑疫良久復入水古有狙葛尼建廟頂上有鏡如他國盜兵來者先照見

之

南尼華羅國

國人好佛教尊牛屋壁皆塗牛糞以爲潔各家置壇以牛糞塗置花木爇香供佛路通西域常有輕來來刼閉門拒之數日絶糧而退番商到彼不得入室

乾駞國

其國乃尸毗王之倉庫之所倉爲火焚米皆焦至今尚存得一粒服之則終身無疾

頓遜國

國在海島上人將死親戚歌舞送於郭外有鳥如鵞飛來萬數家人避之其鳥食肉盡乃去即燒骨沉水謂之鳥葬梁武帝時曾入貢

白達國

國王乃弗霞麻勿之子孫諸國用兵不侵敢犯豪民多珎寶食酥酪餅肉少魚菜產金銀玻瓈等物人以雪布纏頭上即回鶻之類

吉慈尼國

盤山爲城尚胡教禮拜堂百餘所出金銀金絲錦富民居住七層樓閣多畜牧駝馬地極寒春夏雪不消有雪蛆可食

阿薩部

同苗凡食生皆部其肉重疊之以石壓瀝汁稅波斯拂林等國米及草子釀於肉汁之中經數日變成酒飲之可醉喜歌舞

婆弥爛國

其國有山巉巖峻險上多猿令刑絕長大常暴

田種每年有二三十萬國中起春巳後屯集兵與猿戰雖歲殺數萬不能盡其巢穴去金陵二萬五千五百五十里

麻離拔國

其國產異香龍涎珍珠玻璃犀角象牙珊瑚木香沒藥血竭阿魏蘇合香沒石子等貨皆大食國至此博易官豪以金線桃花帛纏頭以金銀爲錢交易常爲番商

單馬令

其國有酋長無王宋慶元間進金五壜金傘上柄元求其利不至國人多富尚寶貨則利爲酋豪

昆吾國

其國產寶鐵切玉如泥及火浣布其國累塹爲丘象浮圖有三層屍乾居上屍濕居下以近葬爲孝集大氈居中懸衣服綵翠祀之

三佛齊國

其國在南海之中自廣州發舶取正南半月可

到諸番水道之要衝以木柵爲城國人多姓蒲縛蒲浮水而官兵服藥刀箭不能傷人此霸於諸侯舊傳其國地面忽有一穴出生牛數萬人取食之後用竹木窒其穴乃紀產犀象珠璣異寶香藥之類

婆登國

其人與回鶻類在林邑之東西接迷離國南接訶陵種稻每月一熟有文字卽書於貝葉死者以金鉛貫於四肢後加婆律膏及沉檀龍腦積

薪以焚之

佛羅安國

自三佛齊國風帆四晝夜可到其國亦可遵陸有地主國有飛來銅神二箇一箇六臂一箇四臂六月十五日生日如有他國人來刼掠大風驟作船不可進

麻嘉國

其國是土神麻霞勿出世處稱神爲佛廟後有神暮日夜常有光人不敢近皆合眼而走過也

默伽臘國

其國出珊瑚人用繩縛十字木以石沉水中惇船拖索而取謂鐵網取珊瑚

啵臨國

與大食相近國人黑色好事弓弩中國船往大食必自故臨易小舟而去往返二年彼多爲盜

大食國

在海西南山谷間有樹枝上生花如人首不解語人借問惟笑而已頻笑輙落大食諸國之總

名有國千餘其屬甚多

日蒙國

其國有房舍種田出薑人似黑蒙國結束即西戎風俗如回回

麻阿塔

其國有神名金剛民有城池種田即西胡其人多奉佛爲剌麻者多

方連魯蠻

其人語話難曉人種田出驢馬風俗與野人相

似但有家業不水飲草宿耳

訛魯

人眼深髮黃壘木植爲屋宇巢居而已西胡犬戎之裔也與野人無異有巢居穴處之風

大秦國

西番之大國也番商萃此其王號麻羅弗以布帛織出金字纏頭地產珊瑚生金花錦縵布紅瑪瑙珎珠等物富甚

骨利國

在西北瀚海之中南望回鶻出良馬乃夫外地極際之所故日長而夜短日光於地下所照故也日沒後天色正熛煮羊方熟天已曙矣

孝臆國

在平州中以木爲栅周十餘里大栅五百餘所氣候常暖冬不凋落有羊馬無駝牛俗性質眞好客旅軀貌長大褰鼻黄髮緑眼赤髭披髮面如血色戰具惟矟一色宜五穀出金鐵衣麻布有妖祠三千餘所馬步甲兵一萬不尚商販自

稱孝臆丈夫婦人俱佩帶每一日造食一月食之常喫宿食國無河井種植待雨出而生以紫鑛泥地承雨水用之

新千里國

出石似朽骨如牙奉佛者稱為佛牙誑人此也與鳩尼國相隣

王瑞國

其國產牛羊民種田有房舍與西番同富於西戎專行諸番為商少入中國風俗與回回相類

擔波國

其國有城池民種田天氣常熱地無霜雪出獅子與回回無異有國君主之番商交於隣國

悄國

係西番人其狠專食五穀過活出牛羊馬與野人何異勇戰之士也少通隣國

三蠻國

其人不種田只食土死者埋之心肺肝皆不朽百年復化爲人一說與無啓國民相類與野人

俗同

奇肱國

其國西去玉門關一萬里其人一臂性至巧能作飛車乘風遠行湯王時西風久作車至豫州湯使人藏其車不以示民後十年東風大作乃令仍乘其車以還

登流眉國

眞臘之屬郡堆髻纏帛蔽身每朝番五出座名曰登場衆番皆拜罷同座交手抱兩膊爲禮

阿陵國

眞臘之南有國豎木爲城造大屋重閣以椶皮葢象牙爲床椰花爲酒以手撮食有毒常人同宿卽生瘡與女人交合則必死旅液着草木卽枯

義渠國

在大秦之西人死則燒之薫屍烟上謂之登烟霞出犀象寶貨其人與回鶻同

烏萇國

其國民有死罪不立殺刑惟徒之空山任其飲啄事涉疑似以藥服之清濁自驗隨事輕重而決之

橃援力國

國在西南海中與野獸同止食肉常針牛畜取血和乳生飲之身無衣惟腰下用羊皮掩之

波厮國

其人矮小極黑以金花布縵身無城郭王以虎皮蒙執出則乘軟兜或騎象食餅肉出異寶等

物

晏陀蠻國

其國周圍七千里人如黑漆能食生人地無鐵唯磨蚌殼爲刃其國有一聖跡用渾金作床承一死人經代不朽常有巨蛇衛護其蛇毛長二尺人不敢近有一井一年兩次水溢流入海所過沙石經浸盡成金

默伽國

古係荒郊無人烟因大食國法師蒲羅吽娶妻

在荒野生一子無水可洗棄之地下其子以脚擦地湧出一泉甚清徹此子亡名司麻烟列戍大井逢旱不乾泛海遇風波以此水洒之即止

胡鬼國

其人身長大無馬步走手持一長柄斧其走如飛逐鹿如犬專以捕獵爲生兀良河韃靼因逐鹿偶至其地爲其所執其胡鬼乃出遂殺其妻子而出胡鬼趕至河不能渡則止

賓童龍國

占城之屬郡地主出則騎象或馬打紅繖從者百人執盾贊唱曰亞或僕以葉盛飲食佛書言王舍城即此地也今有目連舍基存焉

獠

在牂牁其婦人也七月生子死則豎棺埋之有打牙者謂打牙獦獠種類最多不可以人事處張獷難服

木直夷

在獦獠西以鹿角爲器其死則屈而燒之埋耳

後小骨類人黑如漆小寒則揞沙自處但出其面常入朝中國

潦査

俗呼老抓

其地產犀象金銀人性至狠下窩弓毒藥殺人其可笑者凡水漿之物不從口入以管於鼻中吸之大槩與象類同

紅夷

去交州不遠在其境與老抓占城皆交州唇齒之國其人不置衣皆以布絹纏其身首類回鶻

不產鹽

女人國

其國乃純陰之地在東南海上水流數年一泛蓮開長丈許桃核長二尺昔有舶舟飄落其國羣女攜以歸無不死者有一智者夜盜船得去遂傳其事女人遇南風裸形感風而生又云有奚部小如者部抵男其國無男照井而生曾有人獲至中國

後眼國

凡良河韃靼曾見不知國在何處其衣[illegible][illegible][illegible]人同項後有一目其性狠戾韃靼多畏之

阿黑驕

其國與野人同人烟最多盡在林木中住無羊馬孳畜射生打魚爲活

盤瓠

帝嚳高辛氏宮中老婦耳內有聹耳掏出如繭以瓠盛之以盤覆之有頃化爲五色之犬因名盤瓠時有犬戎吳將軍寇邊帝曰得其頭吾以

女妻之猳犬俄嚙人頭詣闕下乃吳將軍之首也帝不得已以女妻之猳人負女入南山穴中三年生六男六女其母復以狀白帝於是帝封於長沙武陵蠻今其國人是其裔也

狗國

其國在女真之北乃陽消陰長之地得天地之氣駁雜不純婦人與人同穿衣能人言男子狗也不能語其音狗嘷不穿衣食生肉婦人食熟肉遼有商人曾至其國犬遇絶不令歸其妻與

筯十餘隻曰汝走數里可置一枚於地狗見必啣歸家汝方得脫爲善狗能護愛家物之意故也

敢人國

名烏滸國按杜氏通典其國在南海之西南安南之北朗寧郡所管人生長子輙解而食之謂之宜弟味甘則獻其君君賞之謂之忠凡父母老則與隣人食之遺其骨而歸之其隣人之父母老亦還彼食之不令自死爲葬汚地食則死

後免在生之業凡娶妻美則讓其兄其人髽頭跣足無衣以絹纏於身是其俗也

囉囉

即古僰人之國也盤瓠之種音出於鼻性狠惡不畏死好食生髻長一尺向上以氊衫爲衣以女人爲首長曰毋總官一人納百夫爲貴其令甚嚴刻木牌爲令

阿丹

其國與囉囉同乃西番種類盤瓠之裔也與雲

南四川之境相隣

沙華公國

卽海寇也其國在東南海中其人常出大海刼奪人賣之於闍婆國

莆家龍

南海之東廣州發船順風一月可到國王撮髻腦後人民剃頭以椰子樹木漿爲酒其色紅白而味極佳出胡椒檀香沉香丁香白荳蔻常入貢

昏吾散僧

在山林中人種田以食與西番同乃小部落之國也但有酋長王之

黑蒙國

其國至富有城池房舍民種田天氣常熱人穿五色錦袴其人多富尚侈靡

蜒蠻

今廣取珠之蜒戶是也蜒有三一爲魚蜒善舉網垂綸二爲蠔蜒善沒海取蠔三爲木蜒善伐

采取林蜒極貧皆背鶏衣得物米妻子共之

五溪蠻

卽洞蠻遇父母死行跛踏歌飲宴一月盡産爲櫬臨江高山鑿龕以葬三年不食鹽

生黎

在兩廣山谷中有洞蠻同科頭跣足短裙結帶頭上諸物皆擣善強弩食生肉以猴爲鮓以鼠爲煎日蜜唧唧其性凶悍不當差使

熟黎

近城邑者頗循教化其俗與生黎同在廣西亦有州牧所屬

苗

種類最多凡草重皆生食凡肉作令生蛆方食娶妻荅歌相合遂爲夫婦父母老賣與人家爲奴謂死後無罪

洞蠻

有土官掌之其人皆與廣西人同食蛇鼠爲上等之饌以猴肉爲鮓其人皆能下蠱殺人

都播國

與野人同類鐵勒之别種分爲三部自相統攝結草爲廬不知耕稼多百合取以爲糧衣貂鹿皮鳥羽爲服國無刑法盜者倍徵贓

無腹國

在海東南男女皆無腹肚其説恐謬無腹安能生育

無脊國

在東海中人無肥腸食土穴居男女死即埋之

其心不朽百年化爲人錄民膝不朽埋之百二十年化爲人細民肝不朽埋之八年化爲人

穿胷國

在盛海東胷有竅尊者去衣令卑者以竹木貫胷擡之俗謂防風氏之民因禹殺其君乃剌其胷故有是類

烏孫國

其國西有三爪蠻有頭自地主種田身生長毛出虜掠百姓昔封烏孫公主之所

丁靈國

其國在海內人從膝下生毛馬蹄善走自鞭其脚一日可行三百里

柔利國

國人類妖非人比也曲膝向前一手一足山海經云在一目國東

羽民國

在海東南岸巉間有人長頰鳥喙赤目白首身生毛羽能飛不能遠似人而卵生穴處即獸蝙

蝠之類也

小人國

山海經曰東方有小人國名曰竫長九寸海鶴遇而吞之昔商人曾至海中見之乃在海尾閭穴所也

聶耳國

其人與獸相類在無腹國東其人虎文耳長過腰手捧耳而行

交頸國

人脚脛曲而相交與鬼相類不正之氣也

長臂人

郎水中獸類同在海之東人垂手至地專食魚蝦昔有人在海中得一布衣袖各長丈餘

懸渡國

卽猿屬在烏秏之西山溪不通但引繩而渡土人佃於石間壘石爲室接手而飲互相牽引與獸同

猴孫國

即抹刋剌國若有别國兵來衆猴防直有法即不敢來侵犯與獸同類

婆羅遮國

其人猴面人身男女無晝夜歌舞八月十五日行像及透索爲戲猴屬也其種類皆以狗頭皮爲帽

繳濮國

國人有尾欲坐則先穿地作穴以安其尾如或誤折其尾卒然而死在永昌郡南一千里

文身國

其國極富專用實貨物至賤行不賫糧王居飾以金玉市用珍寶交易尚財利好作商凡人皆文其身多者爲貴

大漢國

其國在大荒之中人鮮有到者無兵戈不攻戰衣毛革與文身國同而言語異卽野人同

長人國

其人長三四丈昔明州二人泛海値霧昏風大

不知舟所向天稍開乃在島下登岸伐薪忽見一長人其行如飛二人急走至船上其長人入海追之遂前執船舟人用弩射而退方得脫國朝有使往遼陽因風其舟至其國其人拏其舟斬其一指大若人臂即此國也

三首國

在夏后啓北其人一身三首無衣天地闢之異氣也

三身國

在鑿齒國東其人一首三身非妖而何人罕見也俗傳有之

一臂國

在西海之北其人一目一孔一手一足半體比肩猶魚鳥相合

一目國

在北海外其人一目當其面而手足皆具也

長腳國

與長臂人類本同常負長臂人入海捕魚非水

族之類而何

長毛國

國在玄股之北居大海中人短小而體皆有長毛被髮無衣與猩猩之屬同婦人做王有城池種田居穴中晉永嘉四年曾獲得之莫曉其語

氐人國

在建木西其狀人面魚身有手無足胸以上似人以下似魚能人言有羣類巢居穴處爲生有酋長